M m

Mama

	a		a

Ma	

Zu Fibelseite 4; Materialteil:

- Heraushören des Lautes m, Ankreuzen
- Heraushören des Lautes m im Anlaut, Inlaut oder Auslaut, Ankreuzen
- Aufbau des Namens Mama (Materialteil)

I i

Mami

M		m	

Mimi

M		m	

Zu Fibelseite 5; Materialteil:

- Heraushören des Lautes i, Ankreuzen
- Heraushören des Lautes i im Anlaut, Inlaut oder Auslaut, Ankreuzen
- Aufbau der Namen Mami und Mimi (Materialteil)

I – i

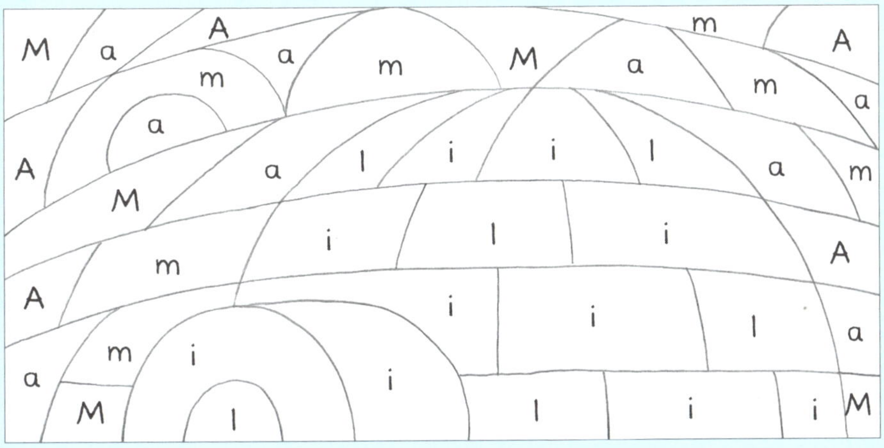

Mi

Ma

a

mi

a

a

Zu den Fibelseiten 4 und 5; Anlauttabelle:

- Ausmalen der Felder I, i
- Bilden von Namen aus Silben, Aufschreiben, Verbinden des Namens mit dem Bild
- Sprechen, Heraushören des Anlautes, Schreiben des entsprechenden Buchstabens mit der Anlauttabelle, Lesen der Wörter

Zu Fibelseite 6; Materialteil:

- Heraushören des Lautes a, Ankreuzen
- Heraushören des Lautes a im Anlaut, Inlaut oder Auslaut, Ankreuzen
- Aufbau der Namen Mia, Mimi und Mama (Materialteil)

A – a

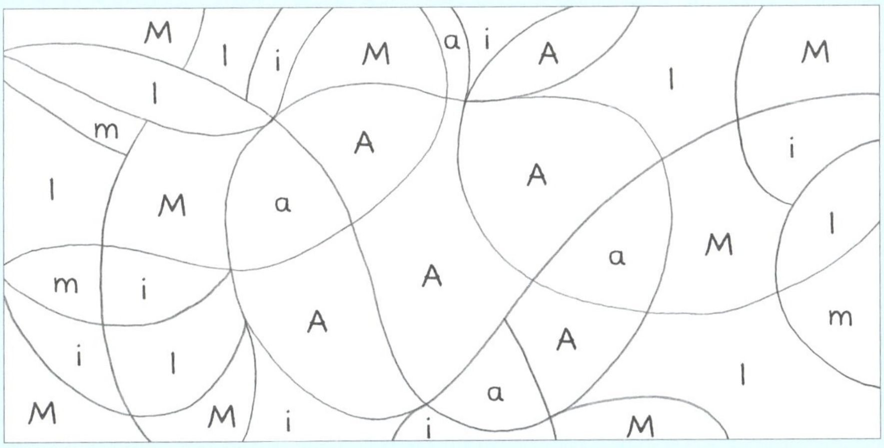

Ma Mi

mi a

Ma

Ma ma

mi Mi

Ma mi

a Mi

a M a m

i M a

M i m i

M i m a

- Zu Fibelseite 6:
- Ausmalen der Felder a, A
- Bilden von Namen aus Silben (Materialteil), Aufschreiben
- Ordnen der Buchstaben zum Wort, Aufschreiben

Mama ist im  .

Mimi ist im  .

Mimi ist am  .

am – im

_____ 

_____ 

_____ 

_____ 

_____ 

_____ 

am – im

Mama ist _____  .

Mimi ist _____  .

Mia ist _____  .

Mimi ist _____  .

Zu Fibelseite 7:
- Lesen der Sätze, Verbinden des richtigen Satzes mit dem Bild
- Zuordnen von im und am, Aufschreiben
- Betrachten der Bilder, Lesen der Satzanfänge, Ergänzen von im und am, Verbinden des Satzes mit dem Bild

Mi mi

Mi a

Ma ma

Mama ist im 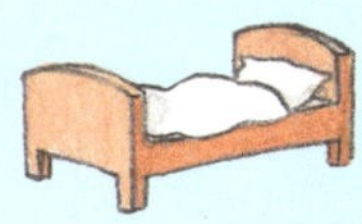 .

Mami ist am 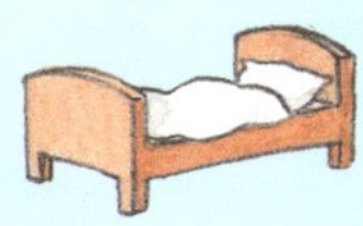.

Im  ist Mimi.

am – im

Mimi ist im  .

ist .

Mia ist im  .

ist .

Mama  mit Mia.

.

Zu den Fibelseiten 6 und 7:

- Schieben der Silben, Schreiben der Wörter
- Lesen der Sätze, Ankreuzen
- Lesen der Sätze, Schreiben mit der Anlauttabelle

P p

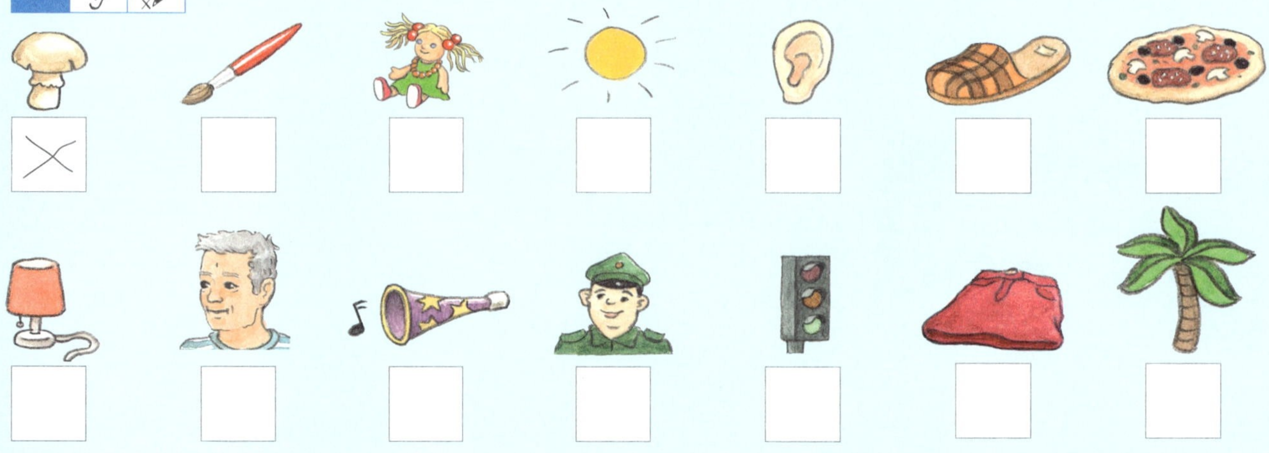

Papa

Papi

Zu Fibelseite 8; Materialteil:

- Heraushören des Lautes p, Ankreuzen
- Heraushören des Lautes p im Anlaut, Inlaut oder Auslaut, Ankreuzen
- Aufbau der Namen Papa und Papi (Materialteil)

P – p

Pa	Mi	Ma
mi	pa	mi

Ma	Mi	Pa
ma	pi	a

Mimi   Mia   am   Im   im

Papa ist ______  .

______ ist ______  .

______  ist ______ .

en, Silbenpaare jeweils in der gleichen Farbe ausmalen, Aufschreiben der Namen
hreiben

Oma 

Opa 

 Zu Fibelseite 9; Materialteil:

- Heraushören des Lautes o, Ankreuzen
- Heraushören des Lautes o im Anlaut, Inlaut oder Auslaut, Ankreuzen
- Aufbau der Namen Opa, Oma, Mo (Materialteil)

ist  ruft im am

Opi ist am  .	☐	☐
Opi ist im  .	☐	☐
Oma ist am  .	☐	☐
Papa ruft Opi.	☐	☐

Mia ruft ○	○ Mia.
Mama ruft ○	○ Mami.
Oma ruft ○	○ Omi.
Opa ruft ○	○ Opi.
Papa ruft ○	○ Papi.
Mimi ruft ○	○ Mimi.

Zu den Fibelseiten 10 und 11:

- Betrachten des Bildes, Ausmalen von ruft und ist
- Betrachten der Szene, Ankreuzen
- vgl. FS 10/11; Lesen der Sprechblasen, Verbinden der richtigen Sätze

[redacted]

[redacted]

ist ______ .

ist ______ .

ist ______ .

[redacted]nd 13; Materialteil:

[redacted]tes n, Ankreuzen

[redacted]tes n im Anlaut, Inlaut oder Auslaut; Ankreuzen

[redacted]u der Namen Nina, Ina, Amon (Materialteil); Sätze durch am, im vervollständigen

M – m
N – n

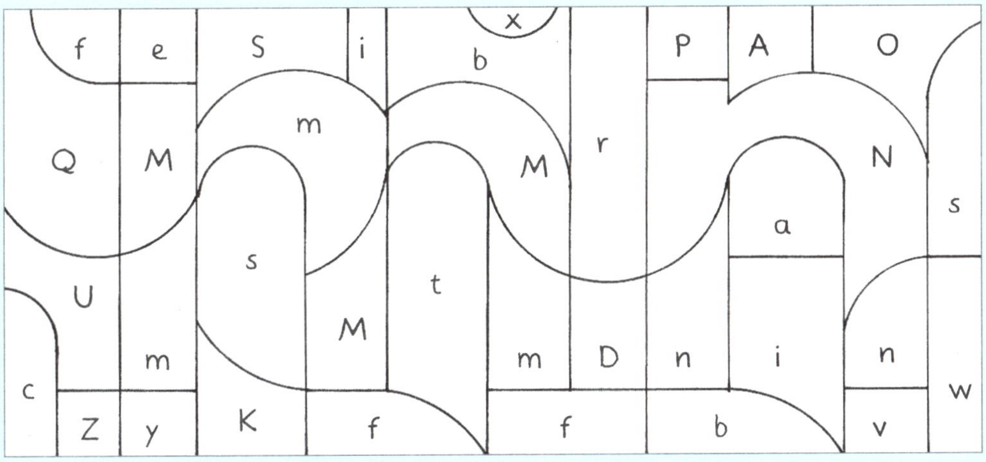

Ni	O	~~Pa~~
~~pi~~	na	pa

Mi	Mi	Ma
ma	a	mi

Papi

O

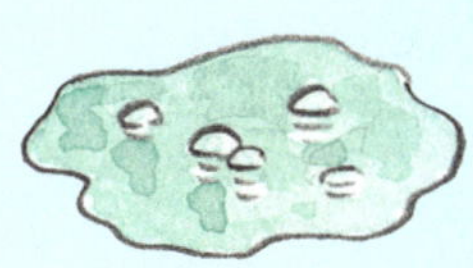

Zu den Fibelseiten 12 und 13; Anlauttabelle:

- Ausmalen der Felder M, m und N, n
- Bilden von Namen aus Silben, Silbenpaare jeweils mit der gleichen Farbe ausmalen; Schreiben der Namen
- Schreiben von Wörtern mit der Anlauttabelle; Verbinden der Wörter mit den Bildern

I na

Pa pa

Ni na

I, Ni, An, Mo → na

o A n m

A

n a A n

A

a n M o

M

i N n a

N

Zu den Fibelseiten 12 und 13; Materialteil:

- Schieben der Silben, Aufschreiben der Wörter
- Aufbau der Namen Ina, Nina (Materialteil), Aufschreiben der Wörter
- Ordnen der Buchstaben zum Wort, Aufschreiben der Wörter Ina, Nina, Anna, Mona

Pa
O

Ma
O

mi
a

 Papa  ______  ______

 ______  ______  ______

 ______ ruft ______ .

 ______ ruft ______ .

 ______ ruft ______ .

N i n o — N

N a a n — N

i a p — P

o P o p — P

M o a n — ______

i M a — ______

Zu den Fibelseiten 12 und 13:

- Finden der fehlenden Silben (Materialteil); Aufschreiben der Namen
- Einsetzen von Namen, Bilden von Sätzen
- Ordnen der Buchstaben zum Wort, Aufschreiben

und

Nina und Mia ○

Nina und Ina ○

Mimi und Mo ○

Amon und Mo ○

und – ist – sind

Amon ______ am  .

Omi ______ Mia ______ im  .

Mimi ______ Nina ______ am  .

______ und ______ ○

______ und ______ ○

______ und ______ ○

 Zu den Fibelseiten 14 und 15; Materialteil:

- Lesen der Wortgruppen, Verbinden mit dem richtigen Bild
- vgl. FS 14/15, Ergänzen der Sätze mit den Wörtern und, ist, sind (Materialteil), Lesen der Sätze
- Aufschreiben der Paare, Verbinden mit dem richtigen Bild

und – sind – ist – am – im – ruft

o	u	n	d	p	i	s	t	n
s	i	n	d	i	r	u	f	t
i	s	t	u	a	m	p	i	m
i	u	n	d	o	s	i	n	d

Amon und Mo ○ ○ sind am  .

Ina und Oma ○ ○ sind am  .

Mia und Mimi ○ ○ sind im  .

Nina ist ________ ________________ .

Papa ist ________ ________________ .

Zu den Fibelseiten 14 bis 17; Anlauttabelle:

- Ausmalen der Felder und, ist, sind, ruft, am, im
- Betrachten des Bildes, Lesen und Verbinden der Satzteile
- Betrachten der Bilder, Schreiben der Wörter mit der Anlauttabelle, Ergänzen der Sprechblase

Was ich schon kann   Name: ....

1

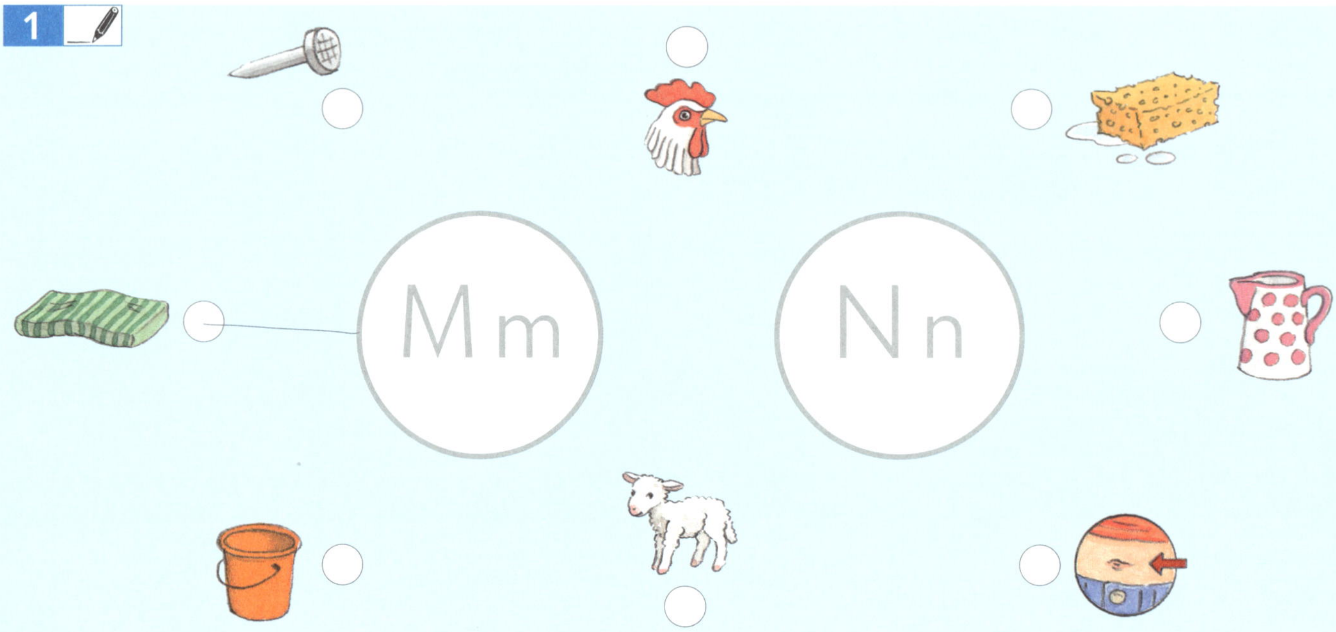

2

3 16|17

Ist Opa im  ? ☐ ☐

Ist Mia am  ? ☐ ☐

Ist Amon im  ? ☐ ☐

Ist Papa am  ? ☐ ☐

Ist Mimi im  ? ☐ ☐

Zu den Fibelseiten 16 und 17:

- Heraushören der Anlaute, Inlaute, Auslaute; Verbinden von Buchstabe-Bild
- Ordnen der Buchstaben zum Wort, Aufschreiben
- vgl. FS 16/17; Ankreuzen

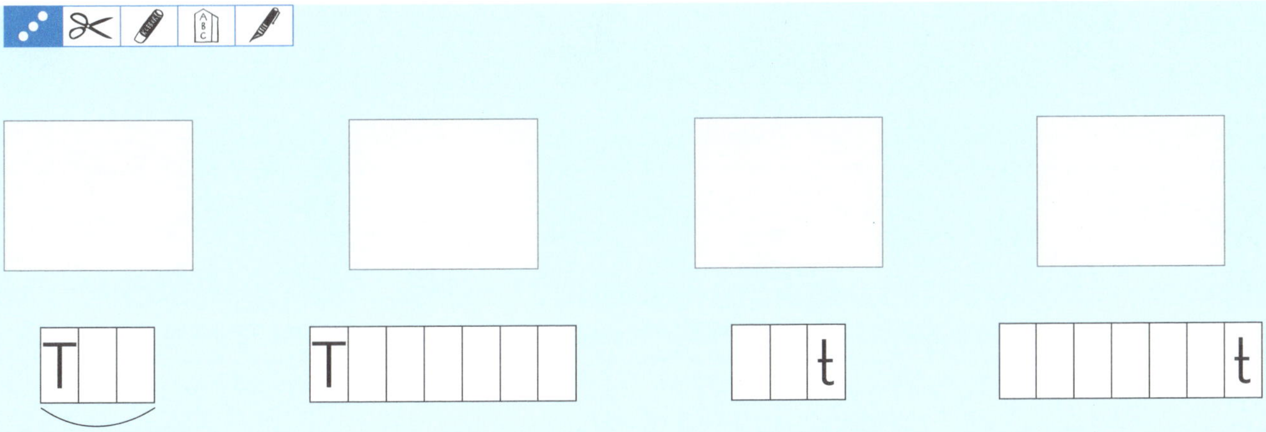

Zu den Fibelseiten 18 und 19; Anlauttabelle:

- Heraushören des Lautes t, Ankreuzen
- Heraushören des Lautes t im Anlaut, Inlaut oder Auslaut, Ankreuzen
- Bilder aus dem Materialteil richtig zuordnen, Sprechen der Wörter, Zeichnen der Silbenbögen
  Tipp: Schreiben der Wörter mit der Anlauttabelle

	mi	
	mo	

Ni		
Ti		

To ☐
Ta ☐
Ti ☒

To ☐
Ta ☐
Ti ☐

To ☐
Ta ☐
Ti ☐

To ☐
Ta ☐
Ti ☐

To ☐
Ta ☐
Ti ☐

To ☐
Ta ☐
Ti ☐

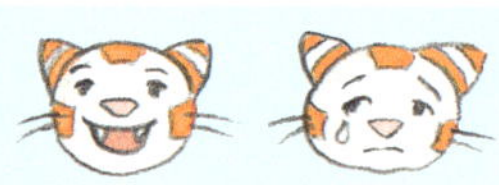

Tim ist mit Ina am  . ☐ ☐

Mia ist mit Nina am  . ☐ ☐

Tim  . ☐ ☐

Opa ruft : Na, Mimi! . ☐ ☐

 Zu den Fibelseiten 18 und 19:

- Finden der fehlenden Silben (Materialteil), Aufschreiben
- Sprechen des Wortes (Bild), Ankreuzen des richtigen Wortanfanges
- vgl. FS 18/19, Lesen der Sätze, Ankreuzen

L

l

l

l

l

l

Zu den Fibelseiten 20 und 21; Anlauttabelle:

- Heraushören des Lautes i, Ankreuzen
- Heraushören des Lautes i im Anlaut, Inlaut oder Auslaut; Ankreuzen
- Sprechen der Wörter; Wort-Bild-Zuordnung; Aufschreiben der Wörter mit der Anlauttabelle

L – l

Malt Lina?

Mimi malt.

Mimi malt mit lila.

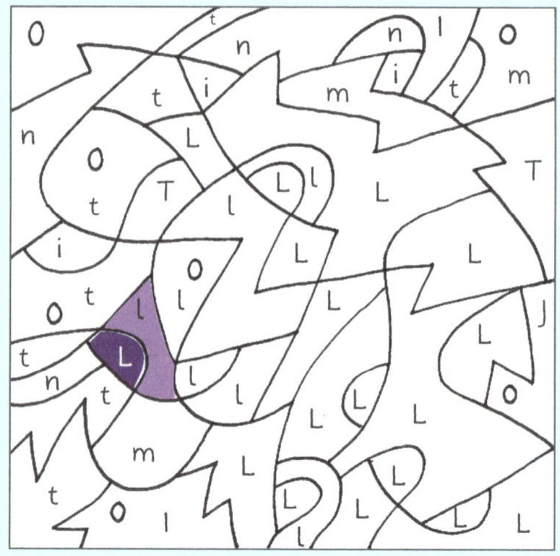

Tilo

Lina

Malt Tilo mit Nina?

Malt Mimi und Mo!

Tilo malt mit ______.

Malt Ina mit l, n und a?

Ina malt ______ und .

Zu den Fibelseiten 20 und 21:
- Lesen der Sätze, Ausmalen der Felder L, l mit zwei Farben
- Aufbau der Wörter Lina und Tilo (Materialteil), Aufschreiben der Namen
- vgl. FS 20/21; Lesen der Sätze, Ausfüllen der Lücken, Malen

Li na

Ti lo

Ti mi

● Lina malt lila.
Tilo malt mit.

Lina malt .
Tilo malt .

●

a – i – o – u

M ☐ lt T ☐ l ☐ m ☐ t N ☐ n ☐ ?

T ☐ l ☐ m ☐ lt m ☐ t In ☐ .

In ☐ n ☐ mmt l ☐ l ☐ und T ☐ l ☐ m ☐ lt

m ☐ t T, ☐ , l ☐ nd ☐ ! T ☐ ll!

Zu den Fibelseiten 20 und 21:
- Schieben der Silben; Aufschreiben der Wörter
- Lesen und Malen
- vgl. FS 20/21; Lesen und Einsetzen der fehlenden Buchstaben

U u

Timi

Mo – ~~Ti~~ – U – Li – ~~mi~~ – Mu – na – li – li – mi – Mi

Tiere im Zoo

 Zu den Fibelseiten 22 und 23; Anlauttabelle:

- Heraushören des Lautes im Anlaut, Inlaut oder Auslaut, Ankreuzen
- Bilden der Namen aus den Silben, Aufschreiben
- Verschriften der Bilder mit der Anlauttabelle

Mia ruft: ○

○ Mimi! Mimi!

○ Nanu, Mimi!

○ Lama! Lama!

○ Muli! Uli!

○ Nanu, Muli!

Am  sind Uli und ______________________ .

Uli ruft: ______________________ .

Und Mo?

Mo ist ______________________ .

U	L	I	M	U	L	I
O	N	I	N	A	A	M
S	N	U	N	U		O
U	I		T	O	M	
P	A	P	A	U	F	I
	M	I	T	E	N	
I	O	L	I	N	A	E
A	N	A	N	A	S	V

Uli,

____

____

____

____

Zu den Fibelseiten 22 und 23:

- vgl. FS 22/23, Lesen und Verbinden der Satzteile
- vgl. FS 22/23, Lesen und Ergänzen der Sätze
- Suchen und Schreiben der Wörter Uli, Muli, Nina, am, nun, Tom, Papa, Ananas, mit, Lina, auf

E e

	e			

		e	e				

E		e				

			e	

	e		e			

E			e

Mia malt Mama an.

Zu den Fibelseiten 24 und 25:
- Heraushören des Lautes e im An-, In- oder Auslaut, Ankreuzen
- Verbinden von Wort und Bild, Vervollständigen der Wörter mit der Anlauttabelle
- Schreiben von Sätzen zum Bild mit der Anlauttabelle, Malen

Ina und Nina ○ ○ malen.

Tim ○ ○ malt.

Alle ○ ○ malen.

Alle malen.

Nele ________ Enten.

Uli ________ Tante Ute.

________ und ________ ________ Amon.

Zu den Fibelseiten 24 und 25:

- Lesen und Verbinden der Satzteile, Malen
- Einsetzen von malen, malt bzw. des Namens
- Schreiben von Sätzen zum Bild mit der Anlauttabelle

Tinte
Ente
Tute
Tomate
Note

Tanne
Tonne
Lampe
Lupe
Puppe

Ente

Enten

a – i – o – u

N _ l _ _ nd T _ l _ m _ l _ n.

M _ l _ n N _ l _ _ nd T _ l _

T _ nn _ n? T _ l _ m _ lt T _ lp _ n.

 Zu den Fibelseiten 24 und 25:

- Lesen und Verbinden von Wort und Bild
- Aufschreiben der Wörter in der Einzahl und Mehrzahl
- Lesen und Einsetzen der fehlenden Buchstaben

	o	n	n	e

P	i	n		e	l

N	a		e

L	o	

	e	l	i	n	a

l	e		e	n

So

Sa

Si

Se

Su

Zu den Fibelseiten 26 und 27:

- Heraushören des An-, In- und Auslautes, Ankreuzen
- Einsetzen der fehlenden Buchstaben
- Zuordnen des Wortanfangs zum Bild, Verschriften der Wörter mit der Anlauttabelle

In 3 Tassen male Tee.

Male 3 Enten am See.

Selina ist im Sessel.

Mimi malt Sonnen.

a n a A n s

	n		n		

e l s E

E		e	

t a S i a m

		l		m	

i s n e P t

	i				l

Anne ist in P _ _ _ _, in T _ _ _ _.

Ina ist in N _ _ _. Uli ist in M _ _ _.

P	O	A	A	S	T
U	S	O	N	N	E
M	B	N	U	S	S
N	E	S	T	N	E
S	U	P	P	E	A

 Zu den Fibelseiten 26 und 27:
- Lesen und Erfüllen des Auftrages, Malen
- Ergänzen der fehlenden Buchstaben
- Ergänzen des fehlenden Buchstaben, Aufschreiben der Wörter Po, Ast, Sonne, Nuss, Nest, Suppe

R					

	r						

					r

		r				

	r		

R			

Ra

Re

Ri

Ro

Ru

Zu den Fibelseiten 28 und 29:

- Heraushören des Lautes im An-, In- und Auslaut, Ankreuzen
- Verbinden von Wort und Bild, Vervollständigen der Wörter mit der Anlauttabelle
- Zuordnen des Wortanfangs zum Bild, Schreiben mit der Anlauttabelle

ra	sen	______
tur	nen	______
rol	nen	______
le	len	______
ren	ten	______

Alle rollen.

Alle rennen.

Alle lernen.

Nina und Tilo rennen.

Romi rennt.

Romi lernt es.

Tilo rollt mit.

Rolle los, Romi!

Ina und Tilo ______ mit  .

Amon ______ mit Romi.

______ alle mit  ?

 Zu den Fibelseiten 28 und 29:

- Verbinden der Silben, Aufschreiben der Wörter
- Verbinden von Satz und Bild
- vgl. FS 28/29, Ergänzen des Lückentextes mit den passenden Wörtern

Ei ei

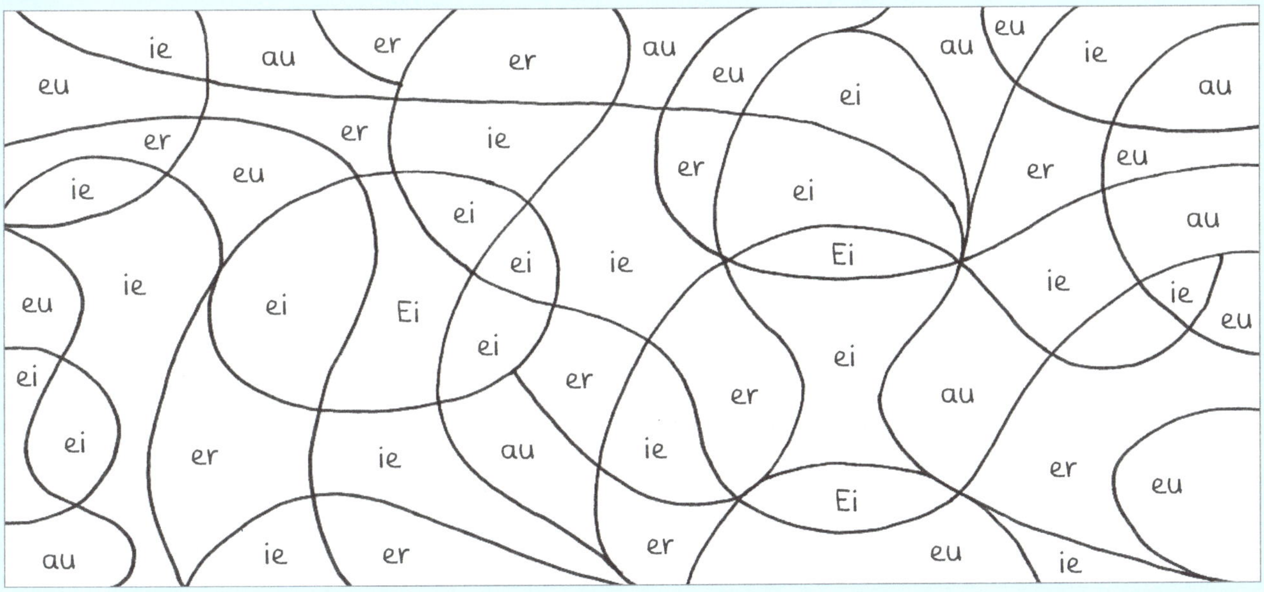

 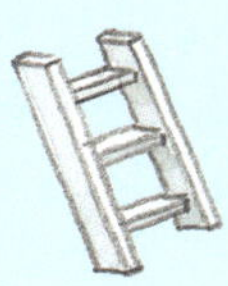    

Ei

ei

Ei

ei

ei

Ei

Zu den Fibelseiten 30 und 31:

- Ausmalen von Ei und ei
- Heraushören von ei im An-, In- und Auslaut, Ankreuzen
- Verbinden von Wort und Bild, Vervollständigen der Wörter mit der Anlauttabelle

ho	len
tas	len
rei	ten
ler	sen
le	nen
ei	ten

Alle essen einen Teller Reis. ☐

Alle essen Salat mit Ei. ☐

Nun essen alle ein Eis. ☐

Romi teilt eine Melone. ☐

Zu den Fibelseiten 30 und 31:

- Verbinden der Silben zum Wort, Verbinden der Wörter mit dem Bild
- Lesen, Eintragen der passenden Bildnummer
- Erzählen, Schreiben zum Bild mit der Anlauttabelle

	○ Ei				○ Teller Reis
	○ Eis				○ Tasse Tee
ein ○	○ Puppe		ein ○		○ rote Tomate
eine ○	○ Esel		eine ○		○ Teller Suppe
	○ Ente				○ Teller mit Salat
	○ Roller				○ rote Melone
	○ Name				○ lila Lampe

Reime.

und

r 

der M 

der H 

eine Hose 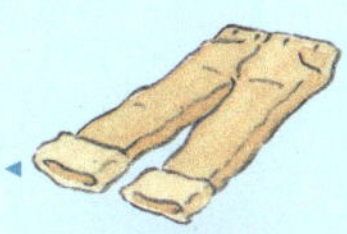

eine R 

eine D 

drei L 

Reime.

Reiter 

L

Teil 

S

Reise 

M

ein

m

s

Lose 

R

Nudel 

P

Suppe 

P

n

Zu den Fibelseiten 30 und 31:
- Verbinden von unbestimmten Artikeln und Substantiven
- Schreiben von Reimwörtern
- Schreiben von Reimwörtern

Was ich schon kann   Name: ....

1

T O A I U P M R N L E Ei

i a o t p n ei u m e l r

2

Sonne
Tonne

Tanne
Tante

Pampe
Lampe

Suppe
Puppe

Tanne
Panne

Mann
Mantel

Meise
Reise

Reis
Eis

3

ein alter Mann • hinfallen • hupen

Nach Fibelseite 31:

- Überprüfen der Buchstabenkenntnis: Verbinden von Groß- und Kleinbuchstaben
- Überprüfen des Lesens von Wörtern: Verbinden von Bild und Wort
- Überprüfen des freien Schreibens: Schreiben von Sätzen zu Bildern mit der Anlauttabelle

H			

			h			

H		

H			

H		m	m		

	h	

3 turnen. 1 Alle 2 sollen

Alle

holt Amon ein Seil.

Nun soll hopsen. Ina

Zu den Fibelseiten 32 und 33:

- Heraushören des Lautes h im An-, In- und Auslaut, Ankreuzen
- Verbinden von Wort und Bild, Vervollständigen der Wörter mit der Anlauttabelle
- Nummerieren der Satzelemente, Aufschreiben des Satzes

Malen und tasten

Amon holt  und malt.

Selina soll nun tasten.

Selina tastet ein H und ein a,

ein s und ein e.

Selina ruft: Es ist ein ______ !

Lesen und Malen

So ist Hannes.
Hannes hat eine rote Hose an.
Sein Hut ist lila.
Er hat einen Hasen im Arm.
Seine Nase ist rosa.
Hannes holt eine Tasse mit Tee.

Hase 
Has _
Ha _ _
H
Ho _ _
Hos _
Hose 

Tante 

Tant _
Tan _
Tan_ _
T
T _ _ _ _
T _ _ _ _
T_ _ _ _
T _ _ _ _ 

Reise
Reis
Rei
R 
R _ _ _
R _ _ _
R _ _ _ 

Hase
_ ase 

Teil
_ eil 

Hupe
_ upe 

Latte
_ atte
_ atte 

Reise
_ eise
_ eise 

Zu den Fibelseiten 32 und 33:
- Lesen des Textes, Schreiben des Lösungswortes
- Lesen des Textes und Ausmalen des Bildes
- Lesen und Ergänzen

D d

D – d

D		

D			

		d	

		d					

D					

		d		

D oder T?

 D  D  D  D

 T  T 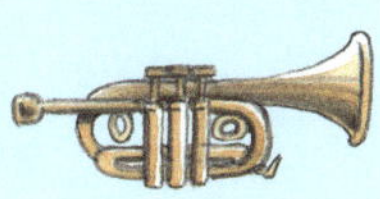 T  T

Zu den Fibelseiten 34 und 35:

- Ausmalen von D, d
- Verbinden von Wort und Bild, Ergänzen fehlender Buchstaben mit der Anlauttabelle
- Heraushören ähnlicher Anlaute, Verbinden von Buchstabe und Bild

Rate mit!

In Dose ist es,
eine Dame hat es
Es ist in Dreirad, in Dino,
in Dina und Domino.

Es ist das ________

Es ist in Nudel,
in der, in oder und Pudel.
Es ist in und und in Hund,
in sind und in Mund.

Es ist das ________.

der oder das

das	Moped	________	Hund	________	Nashorn
________	Pudel	________	Tor	________	Sand
________	Roller	________	Esel	________	Salat

 Zu den Fibelseiten 34 und 35:
- Lesen des Rätsels, Aufschreiben der Lösung
- Einsetzen des passenden Artikels
- Domino durch Malen und Schreiben ergänzen

d – p

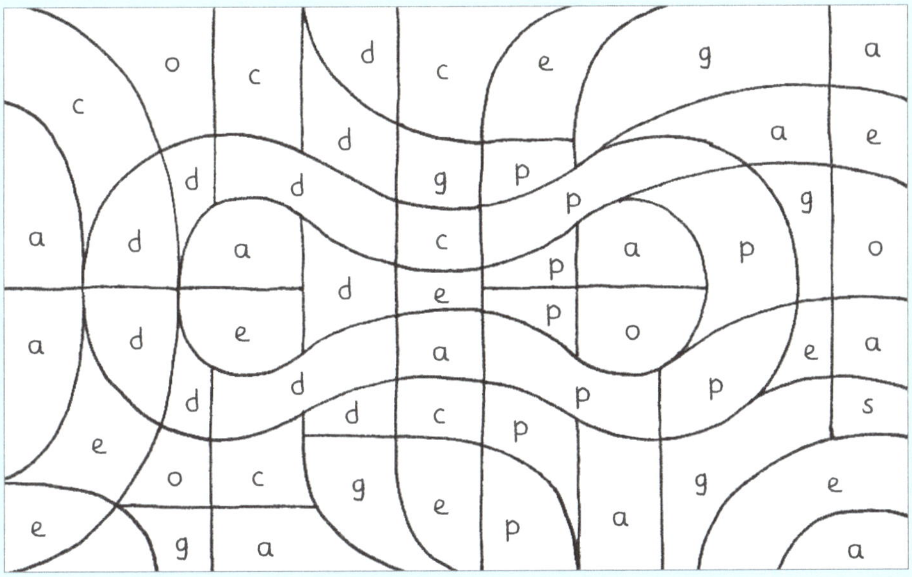

Hund ○  ○ Puppe ○  ○ Lampe ○  ○

Ampel ○ 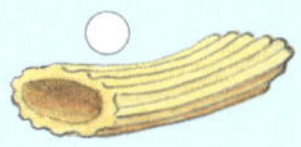 ○ Pudel ○  ○ Erde ○  ○

Nudel ○  ○ Mund ○  ○ Lippe ○  ○

Lupe ○  ○ Nadel ○  ○ Sand ○  ○

D d – T t

 ☐ ose

 ☐ or ☐ e

 ☐ ino

 ☐ ame

 ☐ or

 ☐ anne

 Pu ☐ el

 Er ☐ e

 ☐ omino

 Hun ☐ e

 ☐ eller

 ☐ oma ☐ e

Zu den Fibelseiten 34 und 35:

- farblich unterschiedliches Markieren von d und p
- farblich unterschiedliches Markieren von d und p, Verbinden von Wort und Bild
- Hören und Einsetzen von D, d und T, t

W w

 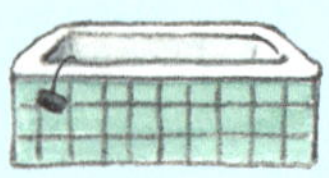    

_ _ _ w _ _ _

W _ _ _

W _ _ _

W _ _

W _ _ _

wohnen weinen warnen

er wohnt er er

wir wohnen wir wir

 Zu den Fibelseiten 36 und 37:

- Heraushören des Lautes w im An-, In- und Auslaut, Ankreuzen
- Verbinden von Wort und Bild, Ergänzen fehlender Buchstaben mit der Anlauttabelle
- Beugen von Verben, Verbinden mit dem passenden Bild

 der W . nd

 die W . lle

 ein W _ l

 eine W . ppe

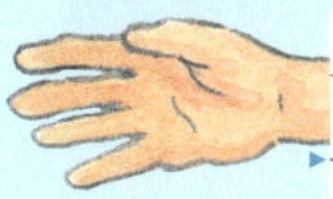 eine H . nd

 der M _ nd

 ein H . nd

 der M . nd

Nele hat einen Hund.

Sein Name ist ____________ .

____________ ist mit Wanda da. Wer ist Wanda?

Zu den Fibelseiten 38 und 39:

- deutliches Sprechen der Wörter, Ergänzen der fehlenden Buchstaben
- vgl. FS 38, Vervollständigen der Sätze, Beantworten der Frage
- Aufschreiben der Buchstaben zu den Anlautbildern, Schreiben eigener Sätze zum Bild

ie

der – die – das

Sind es Tiere?

das Nashorn ☐	die Ente ☐	der Riese ☐
die Hasen ☐	das Lama ☐	der Diener ☐
das Lied ☐	die Seehunde ☐	der Esel ☐
der Wind ☐	die Wiese ☐	das Wiesel ☐

Lies die Seiten 40 und 41 in der Fibel.

Was piept denn da?

Wo sind alle?

Wieso ist denn Mo hier?

Zu den Fibelseiten 40 und 41:
- Ergänzen der Wörter der, die, das
- Ankreuzen der Tiernamen
- vgl. FS 40/41; Beantworten der Fragen

Ist es ein Ei?

Nein, es ist ein ________.

Ist es eine Seite?

Nein, es ist ein ________.

Wer ist im Hut?

Im Hut ist ein ________.

Ist es eine Meise?

Nein, es ist eine ________.

Wer ist auf der Weide?

Ein ________ ist dort.

Ist es ein Reiter?

Nein, es ist eine ________.

ie oder ei

d ___ W ___ se

das L ___ d

der R ___ se

d ___ M ___ se

das S ___ l

die L ___ ter

ie oder ei

Auf der R ___ se s ___ ht d ___ M ___ se,
w ___ der R ___ se auf der W ___ se p ___ pst.

Zu den Fibelseiten 40 und 41:

- Lesen der Fragen und Vervollständigen der Antworten
- Einsetzen von ie oder ei
- Lesen des Satzes, Einsetzen von ei bzw. ie, farbig unterschiedliches Markieren von ie bzw. ei, Eintragen der Wörter in den Eimer bzw. in die Kiepe

F f

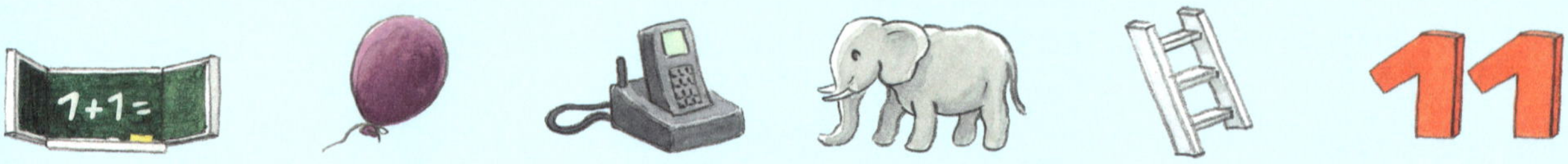

F – f

Was ist das?

Das ist meine ______.

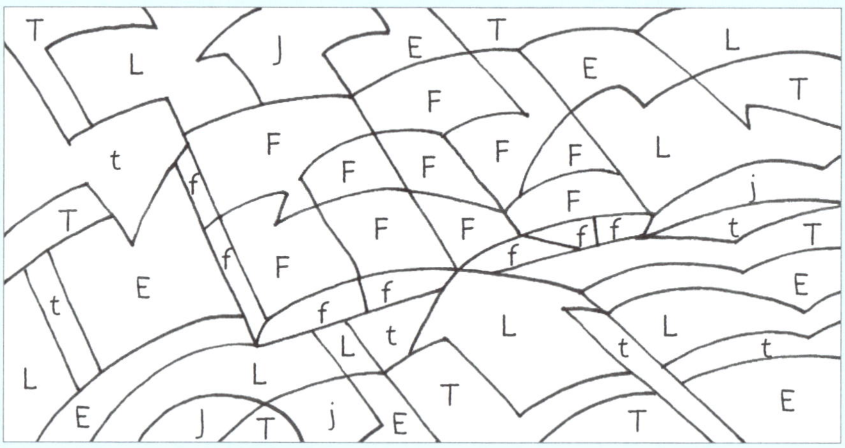

F

f

F

f

hel	ren
ru	nen
fah	fen
ler	hen
tur	fen
se	nen

Zu den Fibelseiten 42 und 43:

- Heraushören des Lautes f im An-, In- oder Auslaut, Ankreuzen
- Farbig unterschiedliches Markieren von F bzw. f, Lösen des Rätsels
- Verbinden von Wort und Bild, Ergänzen fehlender Buchstaben mit der Anlauttabelle, Verbinden der Silben, Aufschreiben der Verben

W oder F?   w oder f?

f

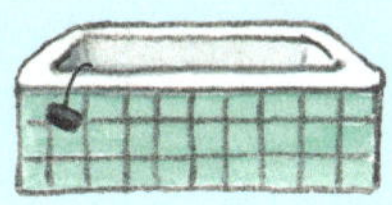

ru, wer, hel — fen

war, fal, hal — ten

Es sind F erien.

Ina will mit dem ☐ ahrrad ☐ ahren.

Hannes hil ☐ t Ina.

Alle wollen ☐ ahren. Was willst du tun?

Zu den Fibelseiten 42 und 43:

- Unterscheiden von f und w; Schreiben des entsprechenden Buchstabens
- Zusammensetzen der Silben, Aufschreiben der Verben
- Ergänzen der fehlenden Buchstaben, Beantworten der Fragen

Au au

Au oder au

das ___ to		wir l ___ fen	
die S ___		sie s ___ fen	
die R ___ pe		wir r ___ fen	
das H ___ s		f ___ l sein	
die M ___ s		ein Tr ___ m	
der R ___ m		das M ___ l	

___ au

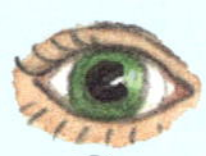

___ ___ ___ ___ ___ au ___ ___

Au ___ ___

___ au ___

___ ___ au

___ au ___ ___ ___ ___ ___

Wo fahren sie hin?
Was wollen sie ansehen?

Zu den Fibelseiten 44 und 45:

- Einsetzen von Au, au, Lesen der Wörter
- Verbindungen von Wort und Bild, Ergänzen fehlender Buchstaben mit der Anlauttabelle
- Schreiben zum Bild mit der Anlauttabelle

B b

B ___ ___ ○

B ___ ___ ___ ___ ○

B ___ ___ ___ ___ ___ ○

○ ___ ___ ___ ___ ___ ___ b ___

○ ___ ___ b ___

○ ___ ___ b ___ ___ ___ ___

Reime!

leben | loben | der Raum

h | t | der B

AMONUNDNINABAUENEINBAUMHAUS.

Zu den Fibelseiten 46 und 47:

- Heraushören des Lautes b im An-, In- und Auslaut, Ankreuzen
- Verbinden von Wort und Bild, Ergänzen fehlender Buchstaben mit der Anlauttabelle
- Schreiben der Reimwörter, Aufschreiben eines Satzes

b – d

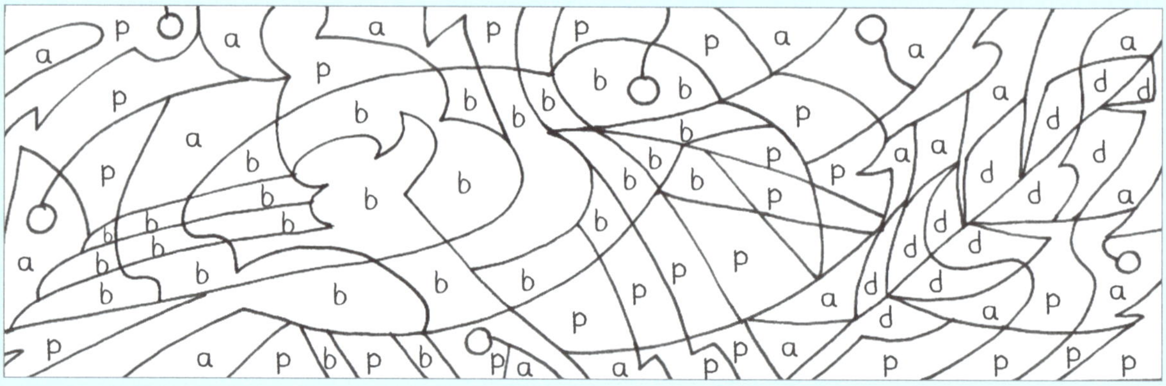

b wie bauen – d wie du

haben

bauen

sauber

blau

Wald

Wind

Hund

sind

Amon will Ninas Baumhaus sehen.
Er muss mit dem Bus fahren.
Da ist der Bus. Es ist ein roter Bus.

Nina wartet auf Amon.
Nun ist er da.
Ninas Papa hat ein blaues Auto.
Papa ruft: „So, nun hinein ins Auto!“

Male Bus und Auto aus.

Zu den Fibelseiten 46 und 47:

- unterschiedliches Ausmalen der Felder mit b und d
- unterschiedliches Nachspuren der Buchstaben b und d , Schreiben der Wörter
- Lesen des Textes, Ausmalen des Bildes

B–b oder P–p

B

B–b

das Bad

~~Bad~~
Puppe
sauber
Papa
baden
Lappen

P–p

Zu den Fibelseiten 46 und 47:

- Heraushören von B, b oder P, p: Einschreiben
- Lesen und Abschreiben der Wörter geordnet nach B, b bzw. P, p
- Schreiben zum Bild mit der Anlauttabelle

K k

K			

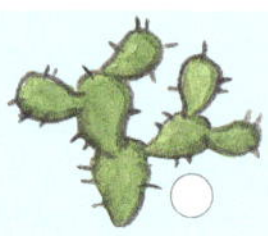

K		k			

		k

K			k	

K				

K		k				

ru	len
ho	fen
kau	den
fin	fen
war	men
neh	ten

rufen

er ruft

 Zu den Fibelseiten 48 und 49

- Heraushören des Lautes k im An-, In- und Auslaut, Ankreuzen oder Einschreiben
- Verbinden von Wort und Bild, Ergänzen der fehlenden Buchstaben mit der Anlauttabelle
- Verbinden der Silben, Aufschreiben der Verben, Bilden der er-Form

Wir reimen

 der Raum – der Baum 

 der Wind – das 

 der R – 

Was sollen die Kinder kaufen?

Brot ☐ Futter ☐

Butter ☐ Bananen ☐

Kekse ☐ Kartoffeln ☐

Salat ☐ Tomaten ☐

Tilo hat einen kleinen Kater bekommen.
Nina meint: „Sein Fell ist aber bunt.
Der Kater sieht wie Mimi aus
und etwas wie Mo."
Der Kater hat ein hellblaues Haus.
Die Karos darauf sind rot und blau.
Am liebsten tobt der Kater
mit seinem roten Ball herum.
Wie sollen die Kinder
den Kater rufen? ______

Male das Bild aus.

Zu den Fibelseiten 48 und 49:
- Reimen der Wörter, Aufschreiben
- vgl. FS 48/49; Ankreuzen, Aufschreiben der Wörter in die Einkaufsliste
- Lesen des Textes, Malen, Beantworten der Frage

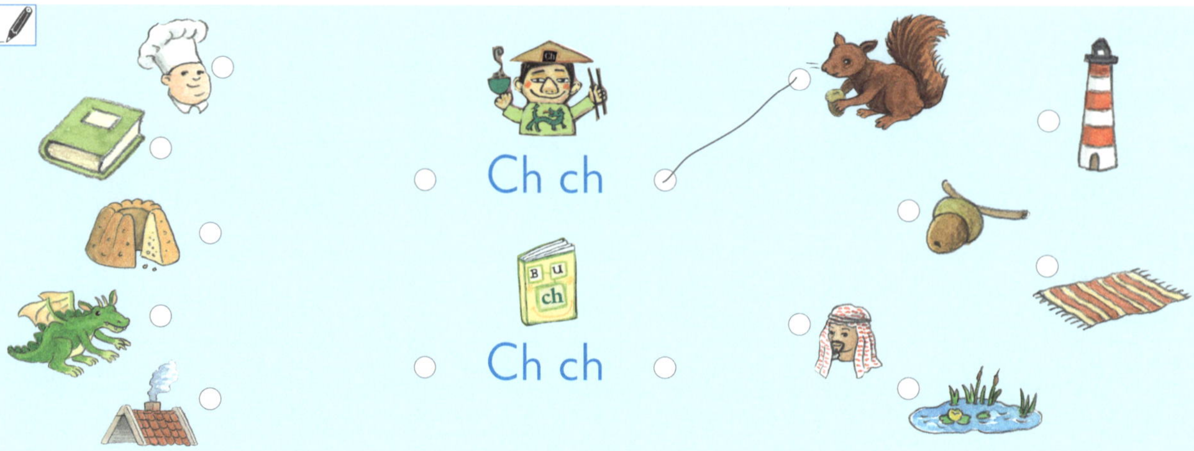

ch wie in ich

ch wie in ach

kochen
lachen
rechnen
suchen
frech
weich
nicht
doch

 Zu den Fibelseiten 50 und 51:

- Heraushören des ich- und ach-Lautes, Verbinden von Illustration und Anlautbild
- Lesen und geordnetes Abschreiben der Wörter nach ich- und ach-Laut
- Entschlüsseln der Wörter, Aufschreiben der Sätze

Reime mit!

Wir wollen alle lachen
und tolle Sachen m_______________.

Tilo ist ein Koch,
seine Hose hat ein L_______________.

Amon kann tief tauchen,
Mimi kann laut f_______________.

3 Was ist weich und leicht, feder-leicht?

1 Ich sehe was, das ist klein, braun und rund.

2 Ich sehe was, was du nicht siehst, das ist sehr sauer.

1 _______________

2 _______________

3 _______________

So bin ich

- ☐ Ich lache oft.
- ☐ Ich bin frech.
- ☐ Manchmal bin ich laut.
- ☐ Ich bin noch klein.
- ☐ Selten habe ich auch Wut.

Das kann ich

- ☐ Ich kann rechnen.
- ☐ Mit Papa koche ich.
- ☐ Ich tauche prima.
- ☐ Oft sehe ich fern.
- ☐ Lesen kann ich auch.

Zu den Fibelseiten 50 und 51:
- Reimen und Erraten der Rätsel
- Ankreuzen der Auswahlantworten
- Schreiben zum Bild mit der Anlauttabelle

Sch sch

Scha ○	○ 	Schm ○	○ 
Sche ○	○ 	Schn ○	○ 
Schi ○	○ 	Schl ○	○ 
Scho ○	○ 	Schr ○	○ 
Schu ○	○ 	Schw ○	○ 

schla
schrei
schwim
wa
schnei

fen
schen
ben
den
men

Was ich mache

ich schlafe

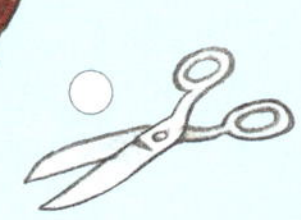

Sch			

Sch					

Sch							

		sch			

		sch

			sch	

 Zu den Fibelseiten 52 und 53:

- Sprechen der Buchstabenverbindungen, Heraushören und Verbinden mit dem passenden Bild
- Zusammenfügen der Silben zu einem Wort, farbiges Anmalen, Aufschreiben der Wörter in der ich-Form
- Verbinden von Wort und Bild, Ergänzen der fehlenden Buchstaben mit der Anlauttabelle

	wahr	falsch
Sascha kommt aus Russland.	☐	☐
Seine Schrift ist anders.	☐	☐
Er ist nie allein.	☐	☐
Sascha hat eine Idee.	☐	☐
Die Kinder wollen auch Russisch lernen.	☐	☐

Wo kommt Sascha her?

Wer will Sascha helfen?

Wie ist die Idee?

Wie kann man Sascha noch helfen?

Hast du andere Ideen?

Zu den Fibelseiten 52 und 53:

- vgl. FS 52/53; Lesen der Sätze, Aufsuchen im Fibeltext, Vergleichen, Ankreuzen
- vgl. FS 52/53; Lesen der Fragen, Aufsuchen der Antwort im Fibeltext, Abschreiben der richtigen Sätze
- Schreiben mit der Anlauttabelle

Ö ö

Ö									
				ö					

Ö			

		ö		

	ö				

	ö		

der Ofen 

die Öfen

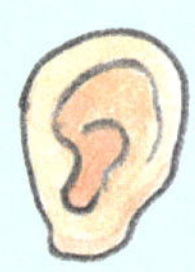 das Ohr 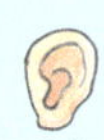

das Öhrchen

der Korb 

die

 der Korb 

das

das Horn 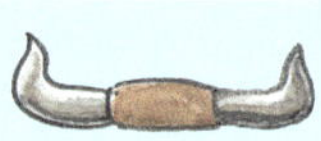

die

 die Dose 

das

der Frosch 

die

 die Hose 

das

 Zu den Fibelseiten 56 und 57:

- Heraushören des Lautes ü im An-, In- und Auslaut, Ankreuzen
- Verbinden von Wort und Bild, Ergänzen der fehlenden Buchstaben mit der Anlauttabelle
- Lesen der Namenwörter, Bilden der Mehrzahl- bzw. der Verkleinerungsform, Markieren von o und ö

	ü		

	ü			

	ü				

		ü			

	ü			

	ü			

ein Hut 

drei

eine Puppe 

ein Püppchen

ein Buch 

drei

ein Hund 

ein

ein Huhn 

fünf

ein Kuss 

ein

eine Nuss 

fünf

ein Bruder 

ein

Zu den Fibelseiten 56 und 57:

- Heraushören des Lautes ü im An-, In- und Auslaut, Ankreuzen
- Verbinden von Wort und Bild, Ergänzen der fehlenden Buchstaben mit der Anlauttabelle
- Lesen der Namenwörter, Bilden der Mehrzahl- bzw. der Verkleinerungsform, Markieren von u und ü

G g

X		

G ○ ○ eige ○ uge ○ iege

G ○ ○ ertel ○ ürtel ○ ortel

G ○ ○ obel ○ abel ○ ebel

G ○ ○ unten ○ anten ○ arten

G ○ ○ üraffe ○ eraffe ○ iraffe

G ○ ○ las ○ los ○ lus

G						

G			

		g		

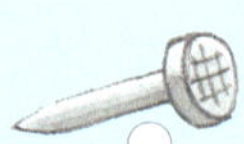

G			

	g		

				g	

 Zu Fibelseite 58:

- Heraushören des Lautes g im An-, In- und Auslaut, Ankreuzen
- Verbinden von Wort und Bild, Ergänzen der fehlenden Buchstaben mit der Anlauttabelle
- Verbinden zu einem sinnvollen Wort, Aufschreiben

Reime.

sagen	fliegen	leben	sehen
fr	w	g	g
tr	l	h	w

58|59

	wahr	falsch
Romi und Hannes besuchen Sascha.	☐	☐
An der Tür hören sie leise Musik.	☐	☐
Sascha flüstert: „Schön."	☐	☐
Das ist sicher eine Gitarre.	☐	☐
Selinas Bruder hat eine Geige.	☐	☐

6 Opa. 4 gern 2 war 3 ich 5 bei 1 Früher

☐ Ich ☐ seine ☐ durfte ☐ Geige ☐ halten.

☐ Nun ☐ die ☐ gehört ☐ Geige ☐ für ☐ mir. ☐ immer

Zur Fibelseite 58:
- Bilden und Schreiben von Reimwörtern
- vgl. FS 58/59, Lesen der Sätze, Vergleichen mit der Fibel, Ankreuzen
- Ordnen der Satzteile zu sinnvollen Sätzen, Aufschreiben

Male alle G, g gelb und alle K, k braun

G–g
K–k

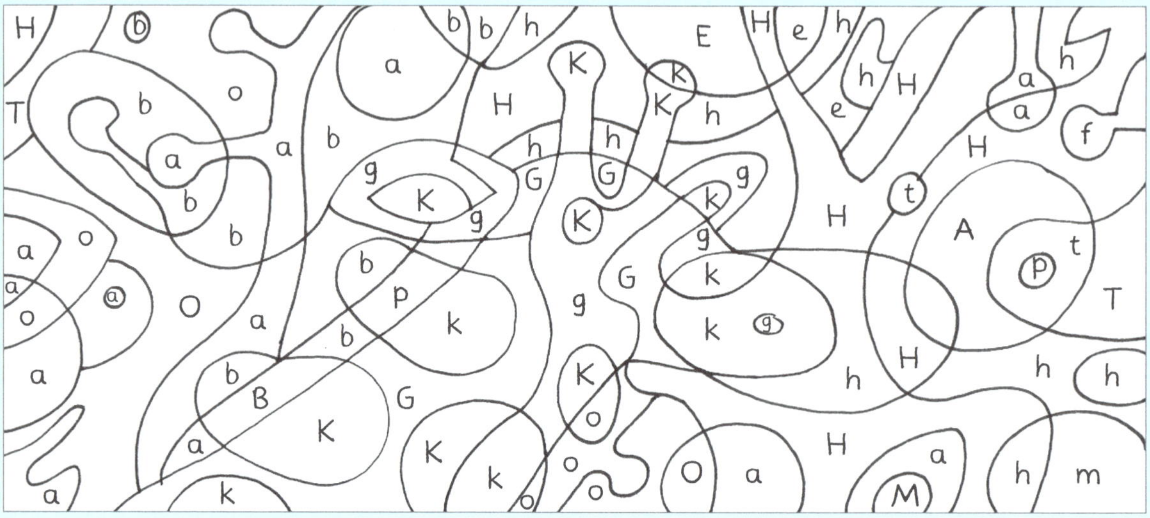

G oder K? g oder k?

☐ eige ☐ abel ☐ orb ☐ üken ☐ offer ☐ ind

     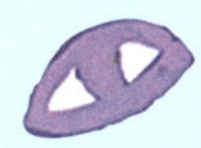

Se ☐ el I ☐ el Wol ☐ e Re ☐ en Pa ☐ et Au ☐ e

 Zu Fibelseite 58:

- Ausmalen der Felder G, g und K, k mit verschiedenen Farben
- deutliches Sprechen der Wörter, Ergänzen der fehlenden Buchstaben
- deutliches Sprechen, Schreiben der Wörter mit der Anlauttabelle, Zeichnen der Silbenbögen

Überall s!

die ro aroten Schweine

die lei en Kinder

die ge unden Bananen

Überall ß!

die hei e Sonne

der gro e Bruder

die wei e Blume

e – es – er

weiß		groß		heiß	
eine weiße	Maus	eine groß	Tafel	eine heiß	Tasse
ein weißes	Haus	ein groß	Buch	ein heiß	Glas
ein weißes	Ei	ein groß	Tisch	ein heiß	Teller
weißes	Mehl	ein groß	Baum	eine heiß	Suppe
weiße	Wäsche	ein groß	Haus	heiß	Wasser

Abfall trennen

Hannes hat Kisten mitgebracht:

eine weiße Kiste für ____________,

eine blaue Kiste für ____________,

und eine gelbe Kiste für ____________.

Was soll in die Kisten hinein?

Zu Fibelseite 59:
- Einsetzen von s und ß in Adjektive, Lesen
- Lesen der Wortgruppen, Ergänzen der richtigen Endung -e, -es oder -er
- Lesen des Textes, Ausfüllen der Lücken, Verbinden der Abfälle mit den richtigen Kisten

Was ich schon kann Name: ....

1

f b r h au w d s k g

R H W B K G Au F S D

2

füh	kom	hel	fin
men	fen	len	den

war	ba	se	ru
den	ten	fen	hen

3

Male ein Bild:

Auf der Wiese blühen
fünf bunte Blumen – eine gelbe,
eine blaue und drei rote.
Hinten ist ein großer Baum.
Auf einem Ast ist ein Meisennest.
Die Sonne lacht.

Nach Fibelseite 59:
- Überprüfen der Buchstabensicherheit: Verbinden des Groß- mit dem passenden Kleinbuchstaben
- Überprüfen der Analyse und Synthese von Wörtern: Zusammensetzen der passenden Silben, Aufschreiben der Wörter
- Überprüfen der Sinnerfassung: Lesen der Sätze, Malen eines Bildes

Vogel-Wörter

das Vogelfutter
der Vogelbauer
das Vogelnest

das Vogelhaus
die Vogeleier
der Vogelsand

der – die – das

Va
Vo
Veil
Vul
Va

Zu Fibelseite 60:

- Lesen der Vogel-Wörter, Verbinden von Wort und Bild
- Betrachten der Bilder, Lesen der ersten Silbe, Vervollständigen des Wortes, Verbinden von Wort und Bild, Aufschreiben der Wörter mit Artikel
- Betrachten des Bildes, Freies Schreiben zum Bild mit der Anlauttabelle

Eu eu

Eu – eu

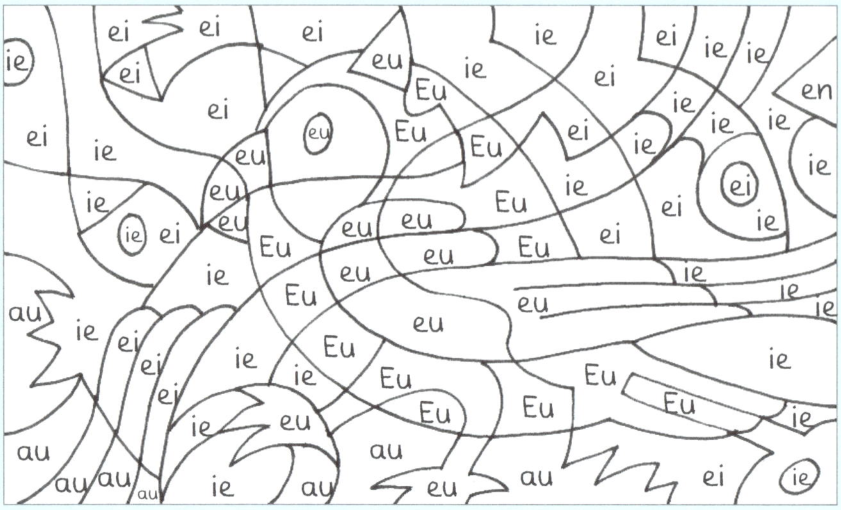

Schreibe auf, was du siehst.

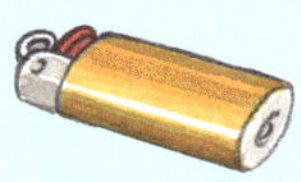

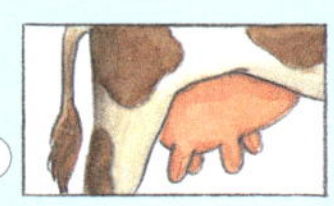

	eu					

	eu			

Eu			

	eu			

					eu	

	eu						

Die kleine Ente und die Eule

Die kleine Ente suchte eine Freundin.
Da sah sie hoch im Baum die Eule.
Die Eule schlief.
Die Ente rief laut: „Hallo, Eule, willst du meine Freundin sein?“

 Zu Fibelseite 61:

- farblich unterschiedliches Markieren der Felder Eu, eu; Aufschreiben des Lösungswortes
- Verbinden von Wort und Bild, Ergänzen der fehlenden Buchstaben mit der Anlauttabelle
- Lesen des Textes, Erzählen zum Bild, Weiterschreiben bzw. Ergänzen, was die Eule sagen könnte

Z au b e r n mit Z

Z z

Aus dem Hahn wird ein Z______ .

Aus einer Feile wird eine Z______ .

Aus dem Teig wird ein Zw______ .

Aus der Wiege wird eine Z______ .

Aus dem Berg wird ein Zw______ .

Aus dem Geiger wird ein Z______ .

Z				

Z				

			z

			z		

			z

Z				

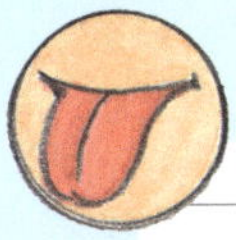

Zu Fibelseite 62:
- Schreiben der Reimwörter
- Verbinden von Wort und Bild, Ergänzen der fehlenden Buchstaben mit der Anlauttabelle
- deutliches Sprechen, Schreiben der Wörter mit der Anlauttabelle

Wie nennt man jemanden, der Judo lernt?

Wann beginnt der neue Judokurs?

Woher kommt Judo?

Monate im Jahr

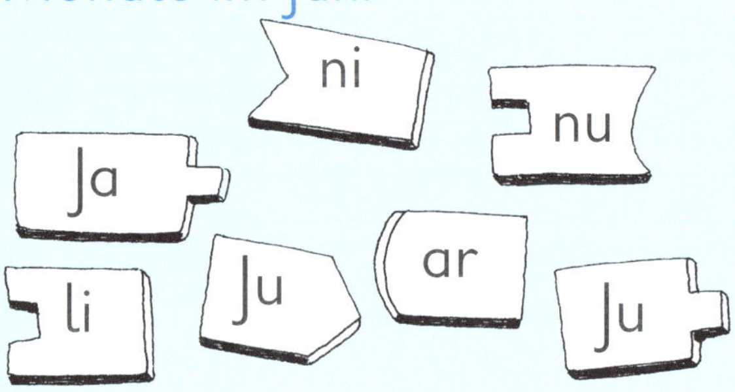

Suche dir 4 Wörter für deine Geschichte aus.

Jahr • Juni • Jan •
Jutta • Jonas • Jahr •
jodeln • Jürgen •
jagen • Dunja • ja •
Katja • Jojo • jeder •
Junge • jung • Judo •
jucken • Sonja •
Juli • Januar • je •
jemand

 Zu Fibelseite 63:

- vgl. FS 63; des Fibeltextes, Beantworten der Fragen im Satz
- farbiges Ausmalen der passenden Puzzleteile, Zusammensetzen der Silben, Aufschreiben der Monatsnamen
- Auswählen und Markieren von vier Wörtern, Schreiben von Sätzen mit diesen Wörtern

tz

Ä ä

a oder ä

der Satz	der Pl ___ tz
das S ___ tzchen	das Pl ___ tzchen
der L ___ tz	die K ___ tze
das L ___ tzchen	das K ___ tzchen
der Z ___ hn	die G ___ bel
das Z ___ hnchen	das G ___ belchen

ein ___ st – drei ___

ein B ___ ll – fünf ___

eine G ___ ns – zwei ___

ein B ___ nd – vier ___

ein ___ pfel – sieben ___

Wörter mit ä

K	Ä	F	E	R	O	I	S	Ä	B	E	L
O	Ä	S	T	E	L	V	B	Ä	R	K	M
F	T	Ä	T	Z	C	H	E	N	S	C	H
L	O	K	M	Ä	R	C	H	E	N	B	A

Zu Fibelseite 64:

- richtiges Einsetzen von a und ä, farbiges Hervorheben, Lesen
- Einsetzen der Selbstlaute, Bilden der Mehrzahl, Malen dazu
- Markieren und Aufschreiben der Wörter mit ä; Käfer, Säbel, Äste, Bär, Tätzchen, Märchen

Reime. Kennzeichne ck und ng.

Brücke	backen	klingen
M ______	h ______	br ______
L ______	p ______	r ______
Kr ______	kn ______	zw ______

Setze ein.

	bringen		singen		packen
ich	______	ich	______	ich	______
er	______	er	______	er	______
wir	______	wir	______	wir	______

Setze die Wörter richtig ein.

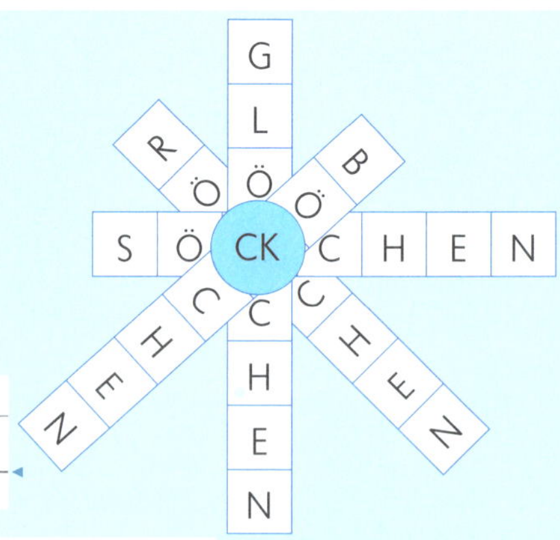

Schneewittchen wohnt im Wald.

Sie trägt ein rotes ______

und wäscht die geringelten ______ der Zwerge.

Dann läutet sie das ______ . Da kommen sie.

Zu Fibelseite 65:

- Reimen, Kennzeichnen von ck bzw. ng
- Beugen von Verben, Kennzeichnen von ck und ng
- Ergänzen des Lückentextes mit den passenden Wörtern aus dem Stern

Aus au wird äu

 das Auge – das Äuglein

 das H ___ s – das H ___ schen

 die M ___ s – das M ___ slein

 der B ___ m – das B ___ mchen

Verbinde!

a ▸ ä
o ▸ ö
u ▸ ü
au ▸ äu

H ü hner		B ___ ren
G ___ nse	ö	B ___ cher
D ___ cher	ü	M ___ se
T ___ cher	ä	M ___ bel
M ___ hren	äu	R ___ be
V ___ gel		Schl ___ che

Die drei Schweinchen träumen

Zwei Häuschen sind kaputt.

Der Wolf entschuldigt sich.

Alle räumen auf.

Dann läuft der Wolf traurig davon.

Ein Schweinchen ruft:

Zu Fibelseite 66:

- Nachspuren von au, äu; Einsetzen von au, äu; Malen
- Einsetzen der fehlenden Umlaute, Verbinden mit den entsprechenden Buchstaben
- Schreiben einer Geschichte mit der Anlauttabelle

Wir sprechen scht im Anlaut –
schreiben aber am Anfang st.

– ☐ ern
– ☐ acheln
– ☐ ein
– ☐ ock

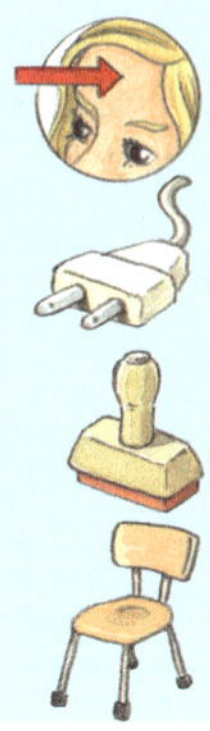

– ☐ irn
– ☐ ecker
– ☐ empel
– ☐ uhl

– ☐ ift
– ☐ ier
– ☐ iefel

stapeln
stehen
strecken

streiten
steigen
stolpern

Finde Wörter mit St oder st.

S	T	E	I	N	E	C	H	W	M	G	A	S	T
T	U	L	S	T	E	R	N	I	K	Ä	S	T	E
O	L	S	T	U	M	M	O	P	O	S	T	U	M
F	S	T	Ü	C	K	E	P	S	S	T	I	F	T
F	A	U	S	T	B	G	N	S	T	E	H	E	N

 Zu Fibelseite 67:

- Sprechen der Wörter, Ergänzen von St im Anlaut, Einprägen des Merksatzes
- Verbinden von Wort und Bild
- Markieren und Aufschreiben der Wörter mit st, farblich unterschiedliches Markieren von st im Anlaut bzw. im In- und Ausland

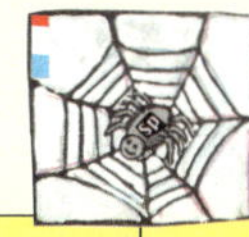

Sp sp

Wir sprechen schp im Anlaut –
schreiben sp aber am Anfang.

 ☐ argel  ☐ echt  ☐ arschwein

 ☐ ange 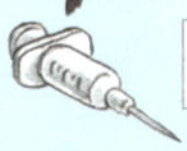 ☐ ritze  ☐ iegel  ☐ innen

 ☐ ort  ☐ agat  ☐ innennetz  ☐ iel

Was isst du davon gerne?
Kreuze die Speisen an.

Spar ti gel Spa
ei get gel Spie

☐ Spinat mit Ei

☐ Götterspeise

☐ Spagetti mit Tomatensoße

☐ Spanferkel mit Soße

Suche dir vier Verben aus. Schreibe je einen Satz.

spähen spielen spinnen sprechen spazieren speisen
sparen springen spuken spucken spritzen spüren

Zu Fibelseite 70:
- Sprechen der Wörter, Ergänzen von Sp, Markieren, Einprägen des Merksatzes
- Lesen und Ankreuzen; Aufschreiben der Wörter
- Lesen der Wörter, Markieren von sp, Schreiben von Sätzen mit der Anlauttabelle

nk

Wörter reimen

Anke	schenken	blinken
Pr	d	h
R	l	s
Schr	s	w

Hannes ist	○	○	besuchen ihn.
Ina und Tim	○	○	Windpocken.
Er hat	○	○	ein Herz.
Ina zeigt ihm	○	○	eine Rechenaufgabe.
Ina schenkt ihm	○	○	seit einer Woche krank.

Kleine Geschenke für Hannes

Was würdest du Hannes schenken?

Warum wird er andauernd rot?

Zu Fibelseite 72:

- Reimen, Markieren von nk
- vgl. FS 72; Lesen, Verbinden der passenden Satzteile
- vgl. FS 72; Beantworten der Fragen mit der Anlauttabelle

Pf – pf

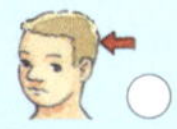

- das Pferd
- der Topf
- die Pfeife
- der Pfau
- der Kopf

die Pflanze
die Pflanzen
wir pflanzen
sie pflanzt
sie pflanzte

Bringe die Sätze in die richtige Reihenfolge.
Nummeriere sie.

☐ Ich habe die Pflänzchen viel gegossen.
☐ Neulich haben wir Kresse gesät.
☐ Abends gab es Kressebrote mit Pfeffer und Salz.
☐ Wir brauchten dafür einen flachen Blumentopf.

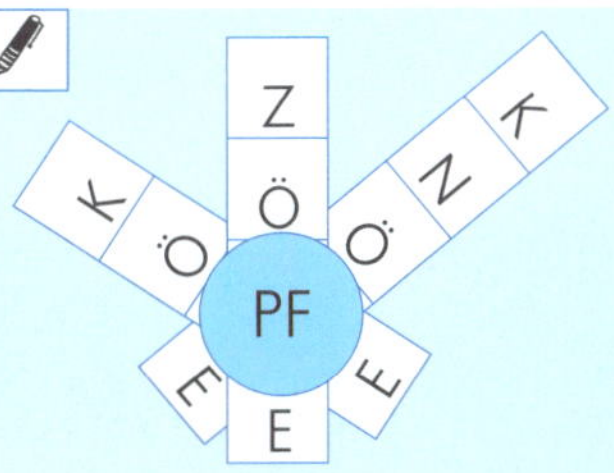

W ☐ pfel
G ☐ pfel
Z ☐ pfel

h ☐ pfen
kn ☐ pfen
schl ☐ pfen

Sch ☐ pf
Kn ☐ pf
Tr ☐ pf
T ☐ pf

N ☐ pf
Z ☐ pfen
K ☐ mpf
D ☐ mpf

Zu Fibelseite 73:
- Lesen; Markieren von Pf, pf; Verbinden von Wort und Bild
- Lesen der Sätze, Nummerieren in der richtigen Reihenfolge
- Zusammensetzen der Wörter; Aufschreiben; Herausfinden, welcher Buchstabe fehlt; Ergänzen; Lesen

Qu qu

ein Quadrat ○
eine Quelle ○
ein Quirl ○

○ ein Aquarium
○ eine Qualle
○ der Quark

quaken • quieken • quasseln • quatschen • qualmen • quietschen

Die Kinder ______________. Schornsteine ______________.

Eine Tür ______________. Schweine ______________.

Ein Ofen ______________. Kasperle ______________.

Der Frosch ______________. Die Leute ______________.

So ein Quatsch

Qualle • Quartett • Aquarium • Quark • Quelle • Qualm • Querflöte •
Quecke • Qual • bequem • quer • quietschen • quetschen
Die Qualle spielt lustig im Quartett.

____

____

____

 Zu Fibelseite 74:

- Lesen der Wörter, Einsetzen von Qu, qu; Verbinden von Wort und Bild, Nachspuren von Qu, qu
- Ergänzen der passenden Verben, sodass sinnvolle Sätze entstehen
- Lesen der Qu/qu-Wörter; Schreiben lustiger Quatschsätze mit diesen Wörtern

X x

Lies auf Seite 75 nach.

Was ist es auf einmal?
Auf einmal ist alles verhext. ☐
Auf einmal ist alles verrückt. ☐

Was geschieht?
Max wird immer dicker. ☐
Felix wird immer dicker. ☐

Wie müssen die Meerschweinchen eigentlich heißen?
Maxi und Max ☐
Maxi und Felix ☐

○ Die Hexe ______________ .

○ Der Mixer ______________ .

○ Das Fax ______________ .

○ Der Boxer ______________ .

○ Die Nixe ______________ .

○ Das Taxi ______________ .

faxt
schwimmt
hext
boxt
mixt
fährt

Suche im Wörterbuch Wörter mit X x.

____

____

____

Zu Fibelseite 75:
- nochmaliges Lesen der Fibelseite 75; Ankreuzen, was geschieht
- Verbinden von Wort und Bild, Ergänzen der passenden Verben
- Suchen weiterer Wörter mit X, x; Aufschreiben, Lesen

C c

Verbinde.

     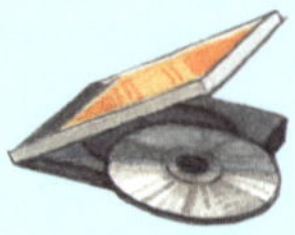

die Creme — die Cola — der Computer — der Comic — der Cent — die CD

Namen mit C. Sortiere.

Clemens – Niclas – Christiane – Clara – Luca – Cora

Mädchennamen	Jungennamen

Kennst du noch mehr Namen? Schreibe sie dazu.

Löse die Rätsel.

die Sechs — der Fuchs — das Wachs

Wer hat rotes Fell? ____________

Eine Kerze besteht daraus. ____________

Drehst du es um, ist es eine Neun. ____________

 Zu Fibelseite 76:
- Wort-Bild verbinden
- Namen mit C/c nach Mädchen-/Jungennamen sortieren, schreiben
- Rätsel lösen, Antworten schreiben

Verbinde.

das Handy — der Zylinder — der Teddy — die Pyramide — das Baby — die Yacht

Löse das Kreuzworträtsel.

1 Darauf kann man reiten.
Es ist ein kleines Pferd.

2 Es ist ein Kuschelbär.

3 Es sind große Bauten in Ägypten.

4 Ein ganz kleines Kind nennt man so.

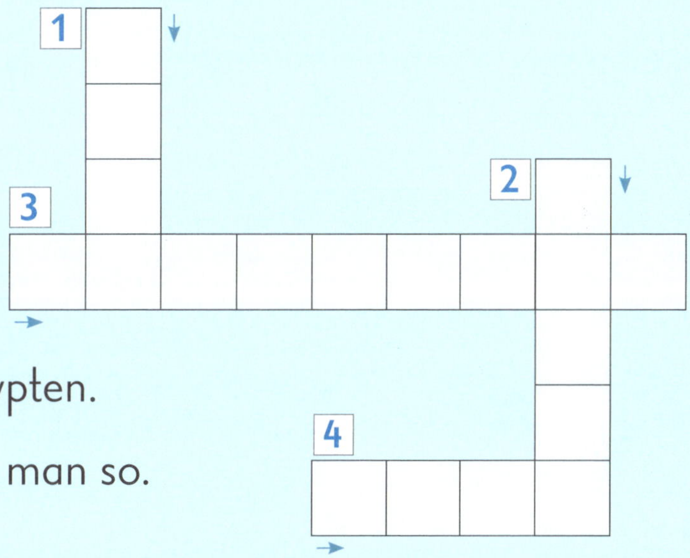

Zu Fibelseite 79:

- Wort-Bild verbinden
- Kreuzworträtsel schriftlich lösen
- zum eigenen Hobby schreiben und malen

Was ich schon kann Name: ....

1

der Hase – zehn ____________ lesen – ich ____________

die Tasse – drei ____________ schreiben – er ____________

das Brot – zwei ____________ spielen – wir ____________

die Maus – fünf ____________ ringen – sie ____________

2

Schreibe die Wörter zum Bild.

Alex geht im Park spazieren. Dort steht ein großer  ____________ .

Im  ____________ hängt eine  ____________ .

Eine kleine  ____________ hat darin ihr  ____________ gebaut.

3

Rate.

○ Wer schleicht ganz leise durch das Haus,
schleckt Milch und fängt sich eine Maus?

○ Wie heißt das Glöckchen
im weißen Röckchen?

○ Sie watschelt über Brücken
und trägt ein Bett auf dem Rücken.

○ Es hängt an der Wand,
reicht jedem die Hand.

Nach Fibelseite 79:

- Überprüfen des Lesens von Wörtern und erster grammatischer Einsichten: Bilden der Mehrzahl der Substantive bzw. der gebeugten Verbformen
- Überprüfen: Lesen des Textes und erster orthographischer Einsichten: Schreiben der Wörter zu den Bildern
- Kontrolle der Sinnerfassung: Verbinden mit der Lösung

Lies in der Fibel S. 86. Was essen und trinken die Kinder?

- [ ] Käsekuchen
- [ ] Käsebrotspieße
- [ ] Wasser
- [ ] Milch
- [ ] Brötchen
- [ ] Obstsalat
- [ ] Kekse
- [ ] buntes Brot
- [ ] Reis mit Gemüse
- [ ] Schokopudding
- [ ] gefüllte Brottaschen
- [ ] Saft mit Wasser

Welches Frühstück ist besonders gesund? Male.

- [ ] Weißbrot mit Nougatkreme als Brotaufstrich
- [ ] Jogurt mit Müsli, Knäckebrot mit Wurst, etwas Gurke
- [ ] sechs Kekse, eine Milchschnitte, ein Brötchen mit Marmelade
- [ ] Vollkornbrot mit Brotaufstrich, Käse, Salatblätter

Schreibe auf, was du gern in der Schule zum Frühstück isst.

Zu den Fibelseiten 86 und 87:
- Lesen der Fibelseite 86, Ankreuzen
- Ankreuzen; Malen eines gesunden Frühstücks
- Freies Schreiben mit der Anlauttabelle

Schreibe deinen eigenen Comic.

Gib einen Buchtipp.

Welches Buch magst du besonders? Schreibe den Titel auf.

Wer hat dieses Buch geschrieben?

Was gefällt dir an dem Buch?

 Zu Fibelseite 88:
- einen Comic schreiben
- Fragen zum Lieblingsbuch schriftlich beantworten

Lies in der Fibel S. 95 nach.

- [ ] Der alte Esel kam aus der Stadt Bremen.
- [ ] Unterwegs traf er den Hund, die Katze und den Hahn.
- [ ] Im Wald entdeckten sie das Haus vom Jäger.
- [ ] Die Tiere stellten sich übereinander.
- [ ] Die Räuber flohen erschrocken in den Wald.

Lies in der Fibel S. 95 nach.

Ein alter Esel machte sich auf den Weg nach ____________.

Unterwegs traf er neue Freunde: einen ____________,

eine ____________ und einen ____________.

Im Wald entdeckten sie ein ____________.

Dort saßen ____________ beim Mahl.

Warum flohen die Räuber aus ihrem Haus?

Zur Fibelseite 95:

- genaues Nachlesen im Text, Ankreuzen
- vgl. FS 95; Ausfüllen der Lücken im Text
- Freies Schreiben mit der Anlauttabelle

Kreuze an. Wer hat es verdient, das Brot zu essen?

☐ Hühnchen, Maus und Birkhuhn dürfen das Brot gemeinsam essen. Sie sind Freunde.

☐ Das Hühnchen darf das Brot alleine essen. Es hat alle Arbeit getan.

☐ Maus und Birkhuhn haben es verdient, das Brot zu essen.

Was sagt das Hühnchen?

Hühnchen: ______________________________

____

____

Was denkst du über Maus und Birkhuhn?

Maus: ______________________________

____

Birkhuhn: ______________________________

____

 Zu den Fibelseiten 96, 97;
- Ankreuzen der eigenen Meinung
- Aufschreiben der eigenen Meinung mit der Anlauttabelle
- Aufschreiben der eigenen Meinung mit der Anlauttabelle

Schreibe immer das Gegenteil auf.

dunkel – hell

jung – ______

langsam – ______

warm – ______

fleißig – ______

kurz – ______

groß – ______

leicht – ______

dick – ______

froh – ______

Ich bin ______, du bist ______.

Ich bin ______, du bist ______.

Ich bin ______, du bist ______.

Ich bin manchmal ______, weil …

______

______

Zur Fibelseite 100:

- Finden und Aufschreiben der Gegenteile
- Malen; Einsetzen geeigneter Eigenschaften
- Einsetzen einer Eigenschaft und Begründen, Schreiben mit der Anlauttabelle

Wie ist Irgendwie Anders?

neugierig • traurig • einsam • klein • freundlich
hilfsbereit • schön • niedlich • komisch • lustig

Schreibe einen Steckbrief.

Name:

Größe:

Farbe:

Lieblingsessen:

Lieblingsspiel:

Schreibe ein Ende zur Geschichte.
Denke dir auch eine Überschrift aus.

Irgendwie Anders wollte gerade
schlafen gehen, da klopft es an die Tür.

Zur Fibelseite 101:
- Auswählen und Aufschreiben passender Eigenschaften
- Schreiben eines Steckbriefes
- Aufschreiben einer Geschichte mit Überschrift mit der Anlauttabelle

Lies und zeichne die Silbenbögen ein.
Sprich so, dass man die Silben hört.

Reime, reime, Rätsel,
wer backt Brezel?
Wer backt Kuchen?
Der muss suchen.

Eins, zwei, drei, vier, fünf,
mach dich auf die Strümpf,
mach dich in die Schuh –
und raus bist du.

Eins, zwei, drei, vier, fünf, sechs, sieben,
meine Mutter, die kocht Rüben,
meine Mutter schneidet Speck,
eins, zwei, drei und du bist weg.

Was spielen die Kinder? Schreibe es so in dein Heft:
Mia spielt mit … .

Schreibe einen eigenen Abzählreim.

Zur Fibelseite 104:

- Lesen der Reime, Setzen der Silbenbögen
- Freies Schreiben zu einem Bild mit der Anlauttabelle
- Ausdenken eines eigenen Abzählreimes, Schreiben mit der Anlauttabelle

Tipp: Aufstellen im Kreis, ein Kind in der Mitte spricht den Zählreim und tippt dabei alle Kinder an

Tiere zaubern.

Aus der  kommt die Z__________.

In der Beule steckt die Eu__________.

Nah beim , liegt eine M__________.

So ein Quatsch! Würfle und lies lustige Sätze.

⚀ Die Frösche	⚀ quaken im Teich.
⚁ Die Kinder	⚁ quasseln in der Schule.
⚂ Die Schweine	⚂ quieken im Stall.
⚃ Die Türen	⚃ quietschen im Haus.
⚄ Die Mütter	⚄ quatschen auf dem Hof.
⚅ Die Schornsteine	⚅ qualmen auf dem Dach.

Schreibe zwei lustige Quatschsätze auf.

____

____

Zur Fibelseite 109:

- Vollenden von Reimen
- Würfeln von Quatschsätzen; Lesen
- Aufschreiben von Quatschsätzen

Lies in der Fibel S. 111 nach.

	wahr	falsch
Die Zwergfledermaus ist größer als eine Streichholzschachtel.	☐	☐
Sie ist so schwer wie eine Stück Würfelzucker.	☐	☐
Die Zwergfledermaus frisst kleine Insekten.	☐	☐
Im Winter hält die Zwergfledermaus für sich alleine Winterschlaf.	☐	☐

Größe: ______

Gewicht: ______

Nahrung: ______

Das macht sie im Winter: ______

Die Fledermaus ist ein ______.

Vogel/Säugetier

Sie ______.

bekommt lebende Junge/legt Eier

Suche dir ein Tier aus. Schreibe selbst einen Steckbrief.
Nutze ein Kinderlexikon, male dazu.

Zu den Fibelseiten 110 und 111:

- Lesen der Sätze, Prüfen des Wahrheitsgehaltes, Ankreuzen
- Lesen der FS 111, Schreiben eines Steckbriefes zur Zwergfledermaus
- Auswählen eines Tieres, Nachlesen im Lexikon, Schreiben eines Steckbriefes mit der Anlauttabelle

Male die Fahnen der Länder.

Deutschland

Frankreich

Vietnam

England

Fülle die Sprechblasen richtig aus.
Lies in der Fibel auf den Seiten 112–113 nach.

In welchem Land würdest du gerne zur Schule gehen?
Schreibe es auf.

Zu den Fibelseiten 112 und 113:

- Betrachten der FS 112 und 113, Ausmalen der Fahnen
- Aufsuchen der Begrüßungsformeln, Zuordnen bzw. Aufschreiben in die Sprechblasen
- Beantworten der Frage, Aufschreiben einer Begründung mit der Anlauttabelle

Reime weiter.

„Ich reime mich auf Hose“,

sagt die verbeulte ______.

„Ich reime mich auf Tonne“,

lacht die liebe ______.

„Ich reime mich auf Kanne“,

spricht die hohe ______.

„Ich reime mich auf Beule“,

sagt im Traum die ______.

Reime nun allein …

Wetterhahn – Wackel ______.

Himmelbett – Küchen ______.

Zwergnase – Oster ______.

Reime mit langen Wörtern.

KOHLSUPPEWINTERMÜTZELEUCHTTURM

„Ich reime mich auf Sternschnuppe“,

sagt zum Löffel die heiße ______.

Im Garten schlängelt sich ein kleiner Regenwurm.

„Wo ist für mich ein hoher ______?“

„Hoffentlich lande ich nicht in einer Regenpfütze“,

flüstert ängstlich die gestrickte ______.

Zu den Fibelseiten 118 und 119:

- Lesen und Vervollständigen der Reime
- Lesen und Vervollständigen der Reime
- Selbstständiges Ergänzen der Verse

Was ich schon kann Name: ....

Genau richtig

Die Giraffe sucht einen Freund.
Sie fragt den Bären: „Willst du mein Freund sein?"
Der Bär schüttelt den Kopf und brummt: „Du bist mir zu groß."
„Schade", sagt die Giraffe traurig und sucht weiter.
Sie fragt den Stier: „Willst du mein Freund sein?"
Der Stier schüttelt den Kopf und sagt: „Du bist mir viel, viel zu groß."
„Schade", sagt die Giraffe traurig und sucht weiter.
Sie fragt den Hund: „Willst du mein Freund sein?"
Der Hund schüttelt den Kopf und sagt: „Du bist mir viel, viel zu groß."
„Schade", sagt die Giraffe.
Sie ist sehr traurig. Viel zu traurig zum Weitersuchen.
Die Maus kommt angetippelt. „Du willst bestimmt nicht mein Freund sein, weil ich so furchtbar groß bin", sagt die Giraffe.
„Furchtbar groß?", fragt die Maus. „Ich finde, du bist genau richtig.
Wir beide passen gut zusammen!"

Frauke Nahrgang

1

Was sucht die Giraffe? Kreuze an.

☐ einen Freund ☐ eine Frau ☐ einen Feind

2

Welche vier Tiere fragt die Giraffe? Schreibe sie auf.

3

Warum möchte die Maus wohl mit der Giraffe befreundet sein?

 Zum Abschluss der Klasse 1:
- Überprüfen der Sinnerfassung: Beantworten der Fragen zum Text

zu Seite 1

M	a	m	a	M	m
Ma		ma		ma	

zu Seite 4

a	i	i	a
a	a	M	M
m	m	Mi	
Ma		mi	
ma			

zu Seite 2

a	i	i	i	Mi
Ma		mi		mi

zu Seite 5

Mi	ma
mi	mi

zu Seite 8

a	a	a	P	P	p	p	i
Pa		Pa		pa		pi	

zu Seite 10

O	O	a	a	m	p	M		
ma		pa		Mo		o	O	O

Materialteil

zu Seite 12

N	n	a	i	n	a	I	A
o	m	n					

zu Seite 14

I	na

zu Seite 19

zu Seite 15

mi	pa
Mi	

zu Seite 16

und	und
sind	sind
ist	

zu Seite 22

T	L	i	i	l	a
n	o				

zu Seite 20

na	Ti